Scrapbooking

...des idées plein la tête!

D1244976

Boomerang
Éditeur jeunesse

www.boomerangjeunesse.com
info@boomerangjeunesse.com

Guide d'initiation au scrapbooking

Au-delà du simple album de photos, le scrapbooking est un témoignage du temps passé: une tranche de vie en miniature. C'est un loisir passionnant qui permet de découvrir notre créativité tout en personnalisant notre album-souvenir par des pages originales, uniques et magiques.

Le scrapbooking est une activité passionnante qui favorise la transmission de nos valeurs personnelles et qui développe notre esprit positif. Il met en valeur nos sentiments pour les personnes que nous chérissons et les événements qui comptent pour nous. Voilà une belle occasion de raconter simplement ce qui est important!

© 2007 Boomerang éditeur jeunesse inc. Tous droits réservés. Aucune partie de ce livre ne peut être copiée ou reproduite sous quelque forme que ce soit sans la permission écrite de l'éditeur.

Conception graphique : Valérie Lachance (www.lechatboris.com)

Gouvernement du Québec - Programme de crédit d'impôt pour l'édition de livres - Gestion SODEC

Boomerang éditeur jeunesse remercie la SODEC pour l'aide accordée à son programme éditorial.

Nous reconnaissons l'aide financière du gouvernement du Canada par l'entremise du Programme d'aide au développement de l'industrie de l'édition (PADIÉ) pour nos activités d'édition.

Dépôt légal - Bibliothèque et Archives nationales du Québec, 4er trimestre 2007

ISBN 978-2-89595-263-3

Imprimé en Chine

Qu'est-ce que le Scrapbooking?

Cette technique originale consiste à archiver nos photos préférées de façon sûre et plaisante. Le scrapbooking est un phénomène de société qui a commencé dans les années 1980. Cette activité, accessible aux enfants et aux adultes, est de plus en plus populaire à travers le monde entier.

Alors que nous vivons dans un monde où rien ne s'arrête, nos souvenirs sont plus précieux que jamais. Nous transmettons nos photos de génération en génération. Grâce au scrapbooking, votre album prendra une tout autre allure. Vous aurez un plaisir fou à le concevoir et à le regarder en famille ou entre amis. Cet m deviendra un véritable chef-d'œuvre rempli d'émotions et de souvenirs inoubliables. Le scrapbooking est une activité créative où vous pouvez laisser libre cours à votre imagination.

Relevez le défi, tout y est permis !

Étapes simples pour créer votre
album-souvenir

1. Le matériel de base

Pour les débutants

Il ne faut pas grand-chose pour commencer à s'amuser au scrapbooking; la majorité des fournitures de base se trouvent déjà à la maison.

- Des ciseaux ordinaires ou de fantaisie
- Des feutres et stylos de fantaisie
- Du papier de couleur et du papier à motifs
- Des boutons
- De la colle en tube ou en bâton
- Des adhésifs ordinaires et double face
- Des autocollants de toutes sortes (lettres, nombres, coins pour photos, bulles de message, etc.)
- De la peinture

TrUC Conservez toutes sortes de petits trésors amassés au fil du temps (échantillons de tissu, retailles de tapisseries, découpures de journaux ou de revues, étiquettes de vêtements, etc.). Ils vous seront bien utiles et donneront une touche spéciale et personnalisée à vos pages.

- Des souvenirs (billets d'événements, prospectus, feuilles et fleurs de soie, sable, cartes d'anniversaire, etc.)

- Des petites enveloppes ou des sachets en plastique

- Des ficelles de coton de couleur, des rubans ou de la dentelle

- Des pochettes protectrices

- Un cartable ou un album spécialement conçu pour le scrapbooking

Pour les mordus

Si la folie du scrapbooking vous a séduit, rien ne vous empêche de compléter votre matériel au fil des semaines ou des mois.

* Des ciseaux de fantaisie
* Des attaches parisiennes
* Des pochoirs et des pochoirs à découper
* Différents gabarits pour découper des formes de différentes tailles
* Des petits embellissements en relief et des breloques
* Des tampons d'encre
* Des lettres spécialement conçues pour le scrapbooking
* Un découpoir rotatif
* Des peintures reliefs
* Des décalques
* Un massicot
* Du matériel à embosser : poudre, stylo, séchoir, craie à scrapbooking
* Un Exacto et une planche à découper
* Des poinçons de fantaisie
* Un tapis de coupe pour protéger les surfaces de travail

 **Note** Il est important d'utiliser du matériel sans acide afin de préserver vos photos.

2. L'identification du thème

Choisissez un thème qui vous tient à cœur ou un thème de circonstance, comme un anniversaire. Attention : il ne s'agit pas de préciser le titre, qui viendra plus tard, mais de donner la note d'ambiance générale. Cette étape vous aidera à sélectionner les photos, les couleurs, les papiers et les éléments de décoration dont vous aurez besoin.

Quelques idées de thèmes ou de titres

Bébés
grossesse, naissance, chambre, dodo, préférences, grandir, nourriture, sorties.

Enfants
bain, anecdotes, école, anniversaire, vacances, famille, amis, activités, jeux, garderie.

Fêtes et saisons
Noël, Halloween, rentrée scolaire, mariage, jardinage, été, printemps, automne, hiver.

Voyages
destinations, plage, mer, avion, hôtel, monnaies, cartes postales.

L'héritage familial
actes de naissance, mariage, mortalité, invitations, dossiers scolaires, lettres, coupures de journaux, médailles, bijoux, timbres, monnaies.

Livre de ma vie
jeunesse, amis, premier emploi, maison, préférences, auto, scolarité, mariage, amitiés, sortie préférée, musique, ma passion.

3. La sélection des photos

Sélectionnez les photos que vous souhaitez utiliser. Elles peuvent être de différentes tailles. Ultérieurement, vous pourrez recadrer vos photos afin de mettre le sujet principal en valeur.

Pour une page double, la moyenne est de 5 à 7 photos, alors que pour une page simple, 3 à 5 photos seront suffisantes.

Photo: Istockphoto / Joey Nelson

Photo : Istockphoto / Olga Solovei

Photo: Istockphoto / Suzanne Tucker

TruC

Il y a plusieurs manières de trier les photos. Séparez-les tout d'abord par date, puis par thème : gens, endroits, événements, vacances, animaux, famille, mariages, fêtes, enfants, école, saisons, amis, bébés, jardin, etc.

4. Le choix de la photo principale

Choisissez une photo qui sera le point central de votre composition. Si vous optez pour une page double, vous pouvez en mettre une par page. Les autres photos viendront en complément ou en appui à votre photo centrale.

Photo : Istockphoto/ Olga Solovei

5. L'harmonisation des couleurs

Choisissez deux ou trois couleurs de papier en fonction du thème ou des couleurs dominantes de vos photos afin de les mettre en valeur.

TRUC Ne mettez pas trop de couleurs, afin de ne pas nuire à l'harmonie d'une page. La meilleure façon est de limiter vos choix pour commencer. La roue des couleurs est un excellent guide pour faire des combinaisons de couleurs du tonnerre.

6. Le choix des papiers

Essayez différentes couleurs et textures de papier séparément avec chaque photo et sur l'ensemble. Ne vous limitez pas aux papiers uniformes, utilisez toutes sortes de papiers. Récupérez les papiers-cadeaux, les cartons d'emballage originaux ou tout autre papier qui vous plaît. Si vous utilisez des papiers de fantaisie, allez-y avec modération pour ne pas surcharger votre montage photo. Il faut donner la priorité aux photos !

Photo : Istockphoto / Olga Solovei

TRUC Une feuille de papier à motifs ou un carton de couleur pourra servir de fond pour votre page. Lorsqu'un papier à motifs est utilisé comme papier de fond, il est préférable d'encadrer les photos avec des couleurs unies pour les séparer de l'arrière-plan. Pour un effet superbe, mettez plusieurs épaisseurs de papier pour encadrer vos photos.

7. La préparation des photos

Découpez les photos pour centrer le sujet ou pour en réduire la taille. Collez les photos sur des cadres de papier en couleur pour les mettre en valeur. Vous pouvez utiliser des doubles ou triples cadres. À vous de laisser parler votre créativité !

Photo : Istockphoto/ Suzanne Tucker

Photo : Istockphoto/ Joey Nelson

Truc

Ne vous limitez pas à tailler en forme de carré : utilisez des formats différents. Donnez une forme créative à une photo, comme un cercle, un ovale, une étoile, un cœur, etc.

8. La mise en pages

Le plus délicat reste à faire : coller toutes les photos sur les pages et les mettre en scène en ajoutant divers éléments de décoration qui rappellent le thème de vos photos (craie, encre, autocollants, breloques, fibres, rubans, billets de théâtre, cartes, invitation, etc.).

Ne surchargez pas vos pages avec trop de décorations.
Il ne faut pas perdre de vue les photos !

Photo: Istockphoto/ Joey Nelson

Photo: Istockphoto/ Suzanne Tucker

TRUC

Disposez les éléments sur la page de façon à ce que l'ensemble soit équilibré et n'oubliez pas de prévoir un espace pour le titre et pour des commentaires. Faites des essais de combinaisons avant de tout coller. Au besoin, laissez de côté votre composition une nuit avant de la reprendre.

9. La rédaction des textes

La rédaction des textes est importante pour transmettre nos souvenirs. Le titre est un élément fondamental du scrapbooking. Il permet d'identifier immédiatement le thème et l'ambiance de la page. Les titres peuvent être écrits à la main, mais vous pouvez aussi utiliser des lettres découpées ou des lettres autocollantes.

Photo : Istockphoto/ Olga Solovei

Gardez en tête qu'il ne s'agit pas d'un concours de rédaction. Personne ne vous jugera. Écrivez le texte comme il vous vient ou tout simplement comme vous le diriez à vos amis.

Truc

Votre texte descriptif devrait contenir les informations suivantes : qui ? quoi ? quand ? où ? pourquoi ? et parfois, comment ? Si le fait d'écrire les noms des personnes nuit au montage de vos pages, n'hésitez pas à utiliser le verso de votre page.

Des bonnes idées

La boîte à trésors

Fabriquez une boîte à trésors dans laquelle vous conserverez des petits souvenirs de votre vie, tels que :

Timbres oblitérés

Coquillages

Dentelles et papiers dentelle

Motifs découpés dans des serviettes en papier

Perles

Petits dessins des grands

Raphia

Fleurs et plantes séchées

Petits mots notés sur un coin de feuille

Petits dessins d'enfants

Pochettes en plastique transparentes

Plumes

Mèches de cheveux

*trésors

trésors

Truc Une boîte à chaussures recouverte de papier peint et décorée d'éléments constitue un excellent coffre à trésors. Les bricoles que vous y accumulerez pourront servir à enjoliver vos prochaines pages de scrapbooking !

Laines

Petites pochettes et petites enveloppes

Diverses illustrations découpées

Empreintes de mains et de pieds d'enfants

Cure-pipes

Emballages d'aliments préférés

Tissu

Cartes périmées

Dents de bébé

Tranches de racines ou d'épices

(vendus dans les épiceries asiatiques)

Cartes postales ou des parties de cartes

Billets de théâtre

Le scrapbooking pour les enfants

Il améliore :
* le repérage spatial ;
* le sens des proportions ;
* le sens de l'agencement ;
* la capacité à harmoniser les couleurs.

Il développe :
* la perception globale et la notion de complexité et de système (les pages doivent être conçues comme un tout) ;
* les capacités d'organisation et les méthodes de travail.

Il met en œuvre :
* la dextérité ;
* la motricité ;
* la concentration ;
* le soin dans le travail ;
* la créativité ;
* des processus de mémorisation dynamiques.

Enfin, il permet :
* la communication parents-enfants ;
* l'élaboration de l'histoire familiale en lui donnant un sens ;
* l'ouverture à d'autres univers ou d'autres connaissances par le choix du thème.

Quelques idées de scrapbooking pour les enfants

Faire du scrapbooking, ce n'est pas seulement coller des photos dans un album et les enjoliver. C'est aussi laisser aller notre créativité en fabriquant différents objets personnalisés. Voici quelques idées vraiment amusantes.

1. Étiquette de chambre

Matériel nécessaire :
- ✓ papiers blanc et de couleur
- ✓ ciseaux
- ✓ colle et gommette
- ✓ crayons de couleur
- ✓ motif au choix (fusée, arbre, papillon, etc.)

Démarche

1- Dessinez un motif sur le papier blanc ;

2- Découpez le motif ;

3- Collez le motif sur du papier de couleur et découpez-le ;

4- Découpez autant de motifs dans le papier de couleur qu'il y a de lettres dans votre prénom ;

5- Dessinez chacune des lettres de votre prénom sur un motif (avec des couleurs différentes, des motifs variés, etc.) ;

6- Collez les lettres de votre prénom sur un autre papier de couleur ;

7- Agrémentez-les d'images ou d'autocollants ;

8- Découpez l'étiquette au format du prénom ;

9- Collez l'étiquette sur la porte à l'aide de gommette.

2. Carte souvenir et carte de souhaits

Démarche

1- Pliez le papier-calque en deux ;

2- Découpez un carré dans les deux épaisseurs du papier ;

3- Dessinez un motif qui vous plaît (cœur, fleur, forme, etc.)

4- Collez le motif sur l'un des carrés de papier-calque ;

5- Collez le second papier-calque par-dessus le motif ;

6- Collez le tout sur un papier de couleur taillé un peu plus grand ;

7- Collez les photos ou autres souvenirs sur la carte.

Matériel nécessaire :

✓ papier-calque et papier de couleur

✓ colle

✓ dessins, photos ou autres petits souvenirs (fleurs, coquillages, rubans, etc.)

✓ motif au choix (cœur, fleur, coquillage, etc.)

✓ ciseaux

✓ crayons de couleur

Bonne fête!!!

Note

Amusez-vous à découper les côtés du papier avec des ciseaux de fantaisie et décorez la carte avec des crayons de couleur. Écrivez un message en lien avec le thème.

3. Fleurs en 3D

Matériel nécessaire :
- ✓ papier de couleur
- ✓ ciseaux
- ✓ crayon à la mine
- ✓ adhésif double face

Démarche

1- Dessinez une grande fleur sur une feuille de papier de couleur, puis découpez-la : elle servira de motif ;

2- Dessinez le contour de la fleur découpée sur une feuille d'une autre couleur ;

3- Dessinez une fleur plus petite à l'intérieur de cette fleur, de façon à obtenir une fleur identique, mais plus petite ;

4- Découpez la plus petite des fleurs ;

5- Découpez un centre pour la fleur (cercle ou cœur) ;

6- Découpez un tout petit morceau d'adhésif double face et collez-le sur la plus grande fleur ;

7- Collez la petite fleur sur l'adhésif ;

8- Découpez un petit morceau d'adhésif double face et collez-le sur la petite fleur ;

9- Collez le centre de la fleur sur la petite fleur ;

10- Contemplez votre fleur en 3D.

Note Vous pouvez répéter les étapes 3 et 4, en dessinant une troisième fleur, encore plus petite que la deuxième.

4. Dépliant de photos

Démarche

1- Pliez la feuille blanche en trois ou quatre, de façon à former un petit dépliant ;
2- Sélectionnez les photos ;
3- Préparez tous les éléments de décoration ;
4- Découpez les photos et les feuilles de papier de couleur pour réaliser des montages. Les photos peuvent être collées sur des rectangles de papier de couleur avant d'être collées sur le dépliant ou elles peuvent être collées sur une mosaïque de carrés et de rectangles de couleur ;
5- Décorez certaines photos avec les éléments de décoration choisis ;
6- Complétez la décoration en bordant les photos et les feuilles de papier d'un trait de stylo de fantaisie ;
7- Terminez en ajoutant du texte sur certaines pages : thème, message, etc.

Matériel nécessaire :
- ✓ photos
- ✓ éléments décoratifs (autocollants variés, fleurs séchées, etc.)
- ✓ papiers blanc et de couleur
- ✓ ciseaux
- ✓ colle
- ✓ crayons de couleur

Photos : Istockphoto/ Joey Nelson

Photos : Istockphoto/ Marzama Syncerz

5. Lettres de scrapbooking

Démarche

1- Dessinez des lettres fantaisie sur les feuilles de couleur. Elles peuvent être de même taille et de même style ou, au contraire, toutes différentes ;

2- Découpez les lettres en suivant les traits de votre dessin ou en prenant une petite marge ;

3- Décorez les lettres avec les feutres ou les stylos de fantaisie ;

4- Utilisez les lettres pour écrire les titres ou des phrases, en les collant sur un papier de couleur.

Matériel nécessaire :
- ✓ papiers de couleur
- ✓ ciseaux
- ✓ crayons de couleur

Quelques idées

6. Étiquettes-cadeaux

Démarche

1- Découpez des petits motifs dans du papier de couleur ou métallisé. Vous pouvez utiliser une perforatrice ou encore réaliser vos propres motifs;

2- Découpez des formes autour des parties évidées;

3- Découpez des carrés ou des rectangles de taille équivalente dans du papier de couleur. Vous pouvez utiliser un ciseau de fantaisie;

4- Collez le motif évidé sur le carton de couleur;

5- Découpez des carrés ou des rectangles un peu plus grands que ceux découpés à l'étape 3;

6- Collez les formes découpées de manière à composer une étiquette porte-nom;

7- Terminez en faisant un trou dans l'un des coins de l'étiquette et accrochez une petite ficelle argentée ou dorée.

Matériel nécessaire :
- ✓ papiers blanc et de couleur (métallisé ou non)
- ✓ motif au choix ou perforatrice à motifs
- ✓ colle
- ✓ crayons de couleur
- ✓ ficelle, laine ou ruban

Note
Vous pouvez découper un petit carré ou rectangle pour venir remplir le carton évidé d'une autre couleur.

Huit règles

8

pour conserver vos photos et vos albums

1.
Manipulez vos photos et vos albums avec le plus grand soin.

2.
Évitez les températures extrêmes.

3.
Utilisez du matériel de qualité *archive*.

4.
Choisissez des albums de qualité *archive*.

5.
Identifiez vos photos.

6.
Évitez la lumière directe.

7.
Rangez vos photos et vos albums, debout, dans un lieu sûr.

8.
Évitez de laisser vos photos et vos négatifs pêle-mêle.

 # Glossaire du scrapbooking

Album : livre dans lequel sont collés les montages. Il contient des pages, en papier ou en carton, insérées dans des pochettes transparentes qui protègent les créations.

Background : fond de page. Il est généralement décoré avec un papier à motifs ou un papier estampé qui servira d'arrière-plan à l'ensemble de la page.

Border : bordure. Longue bande verticale ou horizontale de papier, décorée, perforée, etc. Elle sert à délimiter une zone distincte.

Brad : attache parisienne. Elle est généralement en métal et peut prendre plusieurs formes. Elle sert à fixer des photographies ou simplement à décorer une page.

Chalker (verbe) : faire des ombres ou mettre des éléments en couleur avec des craies adaptées au scrapbooking.

CK approuvé : Creating Keepsakes OK. Les articles portant cette mention peuvent être utilisés sans crainte.

Clipart : image commercialisée sous la forme papier ou virtuelle

Corner-edge : coin pour positionner les photos sur une page sans les coller. Il peut aussi être utilisé comme élément d'embellissement.

Crop : couper ou équilibrer une photographie en une forme ordinaire (rectangulaire ou carrée) ou de fantaisie. Rencontre ou atelier de scrapbooking organisé par une hôtesse, ou par une boutique de scrapbooking, et animé par une experte.

Double cadre : présentation d'une photographie sur deux encadrements de papier (voir « matter »).

Edge : bordure

Encapsulation : emballage d'articles sous pellicule plastique afin de les protéger de l'acidité se trouvant sur certains éléments, ou pour empêcher les articles de contaminer le reste de la page.

Frame : cadre en papier épais ou en carton. Il sert à décorer les photos et se place sur celles-ci.

Journaling : rédaction des textes (titres, description, etc.).

«Matter» : coller une photo sur un papier plus large afin de la mettre en valeur. Il peut y avoir plusieurs épaisseurs de papier.

Postbound : album constitué de pages reliées à l'aide de rivets en métal.

Sticker : autocollant

Tag : étiquette carrée, rectangulaire, ronde ou de toute autre forme que l'on peut attacher avec un lien passé dans un trou.